mamma

mamma

papà

pappa

bambino

pojke

bambina

flicka

1

uno

2

due

3

tre

4

quattro

5

cinque

fem

6

sei

sex

7

sette

sju

8

otto

åtta

9

nove

10

dieci

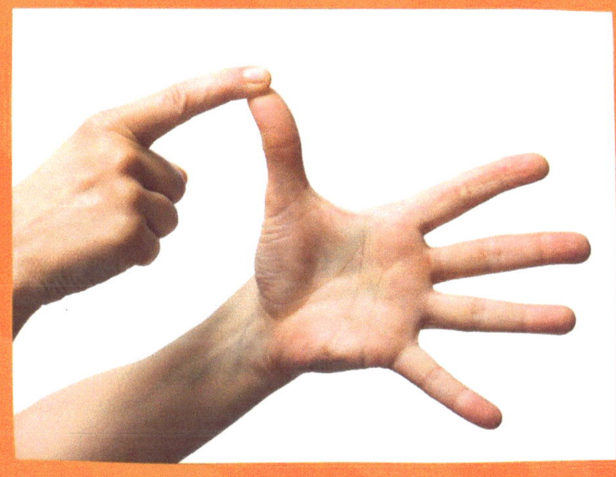

contare

räkna

scrivere

skriva

disegnare

rita

dipingere

måla

cerchio

cirkel

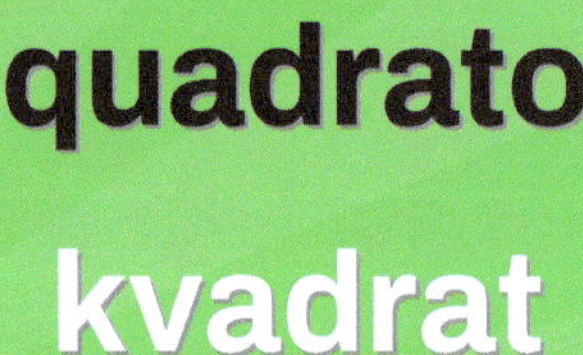

quadrato

kvadrat

rettangolo

rektangel

triangolo

triangel

stella

stjärna

nero

svart

bianco

vit

marrone

brun

rosso

röd

blu

blå

giallo

gul

verde

grön

viola

lila

grigio

grå

arancione

orange

rosa

rosa

mela

äpple

banana

banan

ananas

ananas

cocomero

vattenmelon

pera

päron

uva

vindruvor

mango

mango

pesca

persika

fragola

jordgubbe

ciliegia

körsbär

arancia

apelsin

cocco

kokosnöt

limone

citron

fungo

svamp

mais

majs

pomodoro

tomat

zucca

pumpa

cetriolo

gurka

carota

morot

patata

potatis

zucchina

zucchini

spinacio

spenat

cavolfiore

blomkål

uovo

ägg

piatto

tallrik

cucchiaio

sked

coltello

kniv

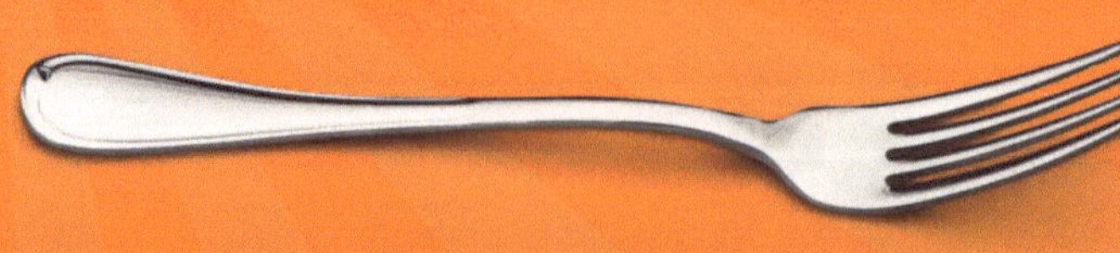

forchetta

gaffel

torta

tårta

biberon

nappflaska

caramelle

godisar

formaggio

ost

bere

dricka

mangiare

äta

caldo

varmt

freddo

kallt

piccolo

liten

grande

stor

corto

kort

lungo

lång

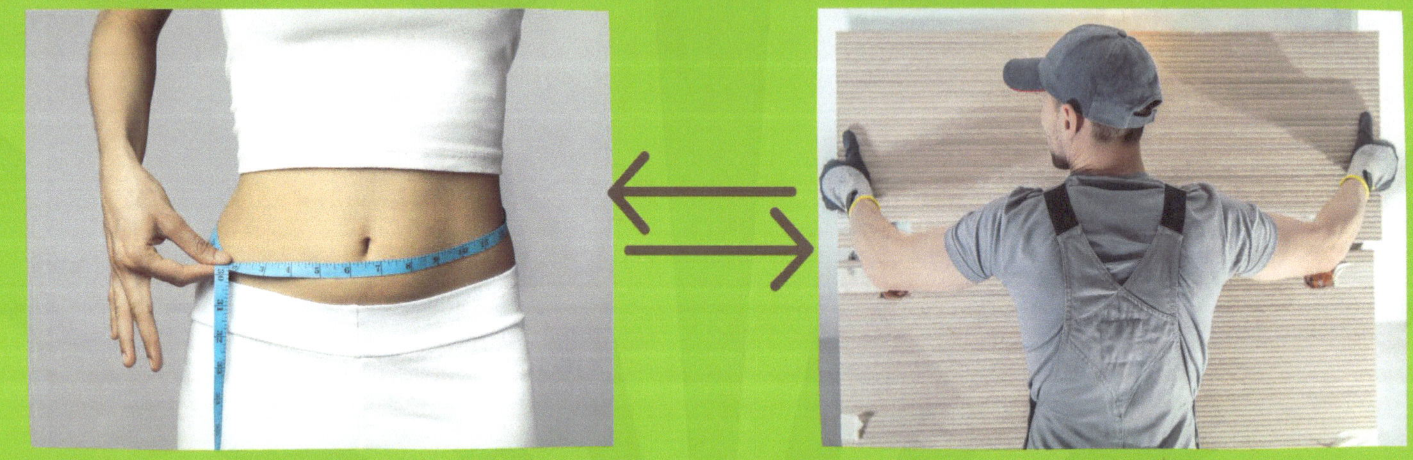

sottile

tunn

largo

stor

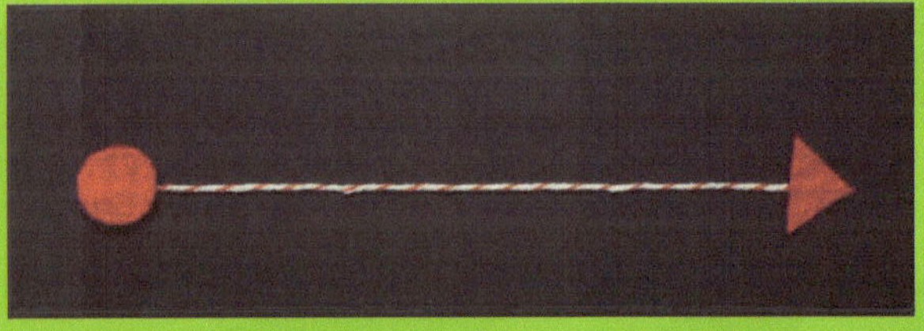

facile

lätt

difficile

svår

alzarsi

stå upp

sedersi

sitta ner

dolce

söt

salato

salt

pesante

tung

leggero

lätt

dentro

i

fuori

utanför

sporco

smutsig

pulito

ren

chiudere

stängd

aprire

öppen

matite

pennor

orologio

klocka

chiave

nyckel

libro

bok

letto

säng

culla

spjälsäng

tavolo

bord

sedia

stol

automobile

bil

bicicletta

cykel

aereo

flygplan

barca

båt

treno

tåg

elicottero

helikopter

camion dei pompieri

brandbil

pompiere

brandman

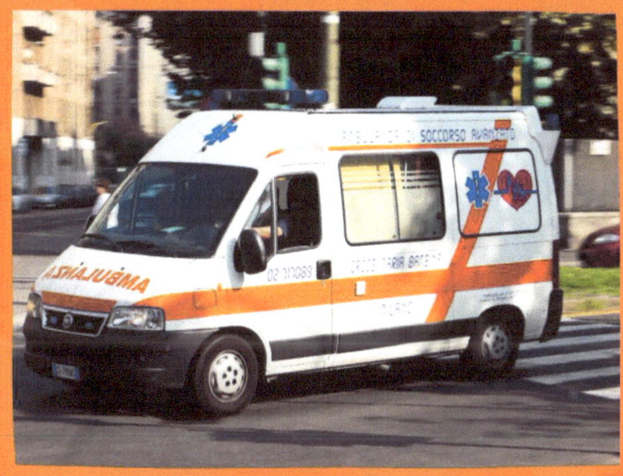

ambulanza

ambulans

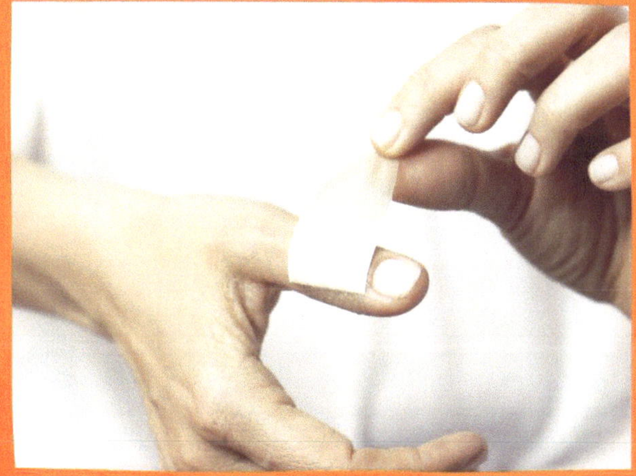

benda

bandage

paramedico

sjukvårdare

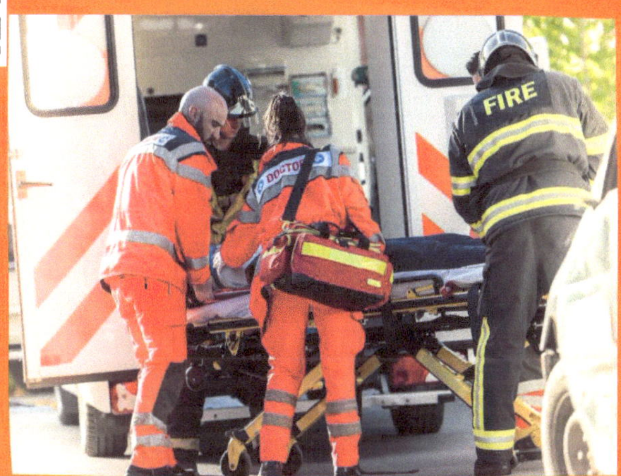

squadra di soccorso

räddningsstyrka

foresta

skog

montagna

berg

erba

gräs

sabbia

sand

albero

träd

fiore

blomma

farfalla

fjäril

formica

myra

gatto

katt

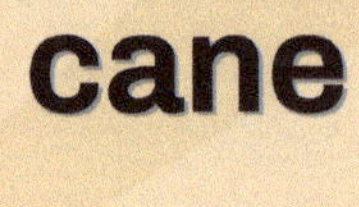

cane

hund

cavallo

häst

topo

mus

mucca

ko

maiale

gris

pecora

får

anatra

anka

oca

gås

coniglio

kanin

pesce

fiskar

veterinario

veterinär

dottore

läkare

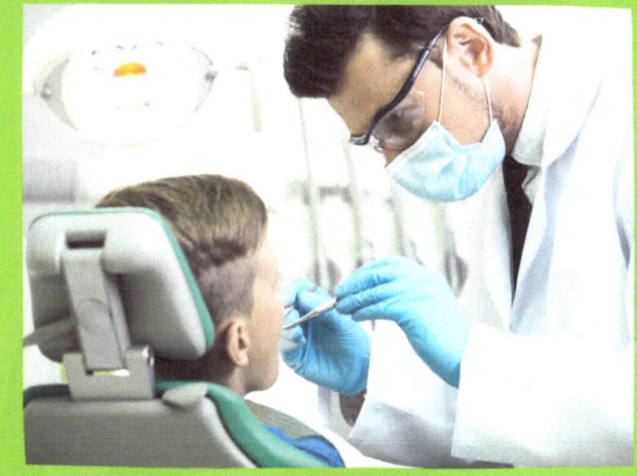

dentista

tandläkare

farmacista

apotekare

infermiere

sjuksköterska

testa

huvud

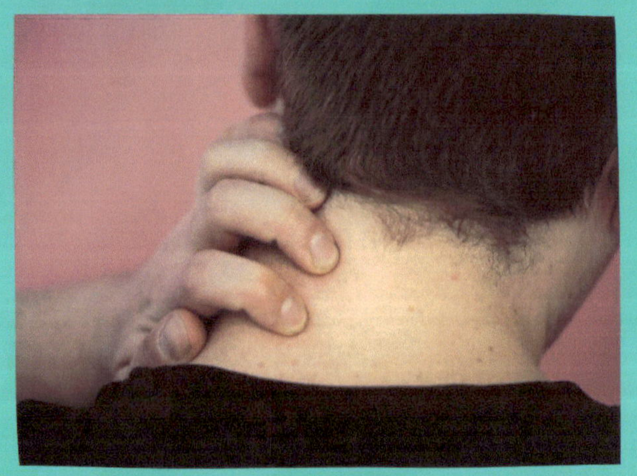

collo

hals

piede

fot

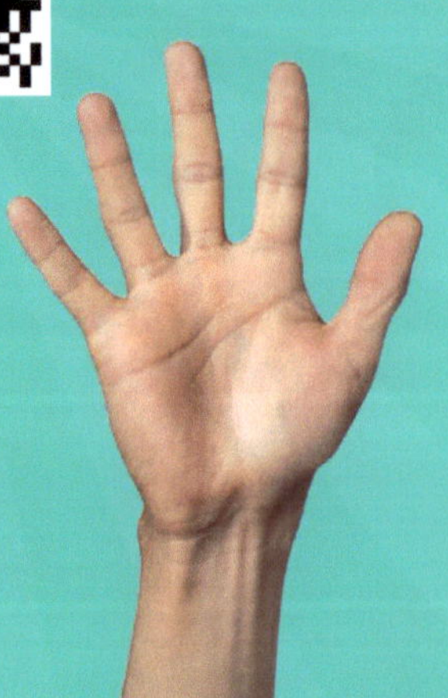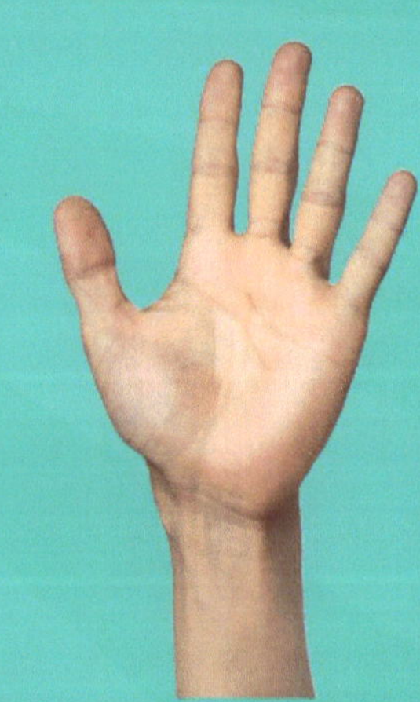

mano

hand

denti

tänder

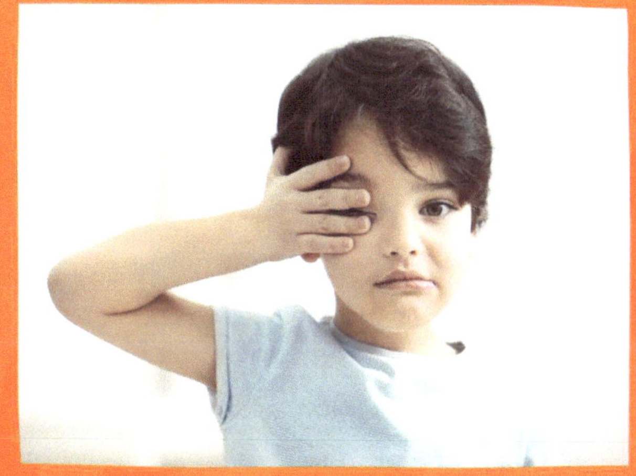

occhio

öga

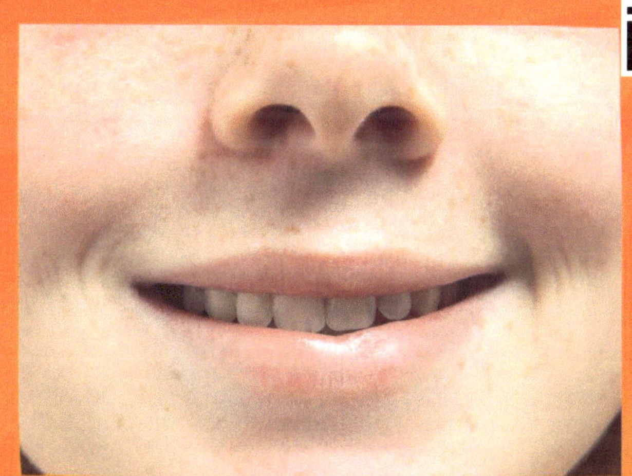

bocca

mun

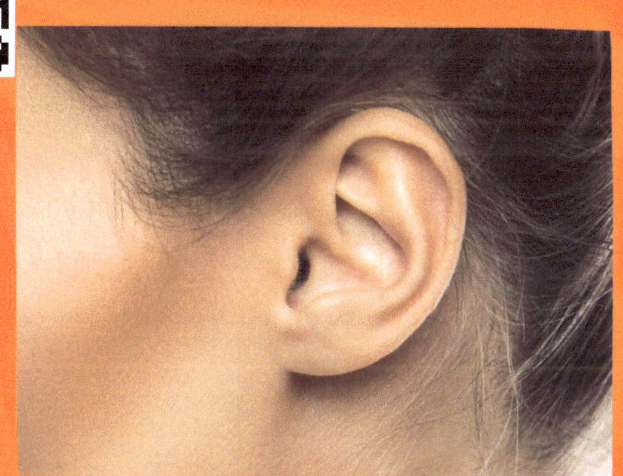

orecchio

öra

cappello

hatt

pantaloni

byxor

vestito

klänning

scarpe

skor

cappotto

jacka

sciarpa

halsduk

ombrello

paraply

occhiali

glasögon

sole

sol

nuvoloso

molnigt

piovoso

regnigt

luna

måne

9 782384 574681